Impressum
Verlag: BABADADA GmbH, Nedderfeld 112 , 22529 Hamburg
Geschäftsführer / Verlagsleitung: Harald Hof
Druck: Books on Demand GmbH, In de Tarpen 42, 22848 Norderstedt

Imprint
Publisher: BABADADA GmbH, Nedderfeld 112 , 22529 Hamburg, Germany
Managing Director / Publishing direction: Harald Hof
Print: Books on Demand GmbH, In de Tarpen 42, 22848 Norderstedt

اسکول

學校

کمره جماعت
教室
تقسیم کریں
除
186/2
بورڈ
黑板
اُستاد
老師
سکول کا صحن
کاغذ
紙
لکھنا
書寫
قلم
筆
میز
辦公桌
پیمانہ
直尺
کتاب
書
شاگرد
學生

بستہ

書包

پینسل کیس

鉛筆盒

پینسل

鉛筆

پینسل شارپنر

削鉛筆機

ربڑ

橡皮擦

ڈرائنگ پیڈ

畫板

ڈرائنگ
圖畫

پینٹ برش
畫筆

پینٹ باکس
顏料盒

قینچی
剪刀

گوند
膠水

مشق کی کاپی
練習冊

ہوم ورک
家庭作業

12

ہندسہ
數字

2+2

جمع کریں
加

5-2

منفی کریں
減

2×2

ضرب دیں
乘

شمارکریں
計算

A

خط
字母

ABCDEFG
HIJKLMN
OPQRSTU
VWXYZ

حروف تہجی
字母表

hello

لفظ
字

متن

課文

پڑھنا

讀

چاک

粉筆

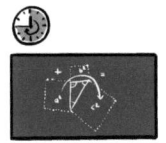

سبق

上課

اندراج

登記

امتحان

考試

سند

證書

سکول یونیفارم

校服

تعلیم

教育

انسائیکلوپیڈیا

百科全書

یونیورسٹی

大學

خورد بین

顯微鏡

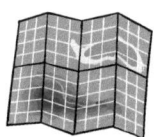

نقشہ

地圖

ویسٹ پیپرباسکٹ

廢紙簍

باستل
青年旅社

ہوٹل
飯店

Grand

ROOMS

رقم تبدیل کرانے کیلنے دفتر
外幣兌換處

EXCHANGE

سوٹ کیس
手提箱

کار
汽車

زبان

語言

ہاں / نہیں

是/否

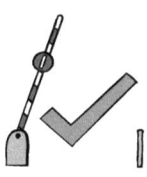

ٹھیک ہے

好的

ہیلو

您好

مُترجم

翻譯人員

شُکریہ

謝謝

؟ـــ کی کیا قیمت ہے؟

......多少錢？

میں نہیں سمجھتا

我不明白

مشکل

問題

شام بخیر!

晚上好！

صبح بخیر!

早上好！

شب بخیر!

晚安！

الوداع

再見

سمت

方向

سفری سامان

行李

بیگ

包

بیگ پیک

背包

مہمان

客人

کمرہ

房間

سلیپنگ بیگ

睡袋

ٹینٹ

帳篷

سیاحوں کے لئے معلومات

旅行資訊

ساحل

海灘

کریڈٹ کارڈ

信用卡

ناشتہ

早餐

لنچ

午餐

ڈنر

晚餐

ٹکٹ

票

لفٹ

電梯

مُہر

郵票

سرحد

邊界

کسٹمز

海關

سفارت خانہ

大使館

ویزا

簽證

پاسپورٹ

護照

نقل وحمل
交通運送

ہوائی جہاز
飛機
سمندری جہاز
船
آگ بُجھانےوالی گاڑی
消防車
ٹرک
卡車
بس
公車
موٹربوٹ
汽艇
سائیکل
腳踏車
کار
汽車

فیری

渡輪

کشتی

小船

موٹرسائیکل

機車

پولیس کار

警車

ریسنگ کار

賽車

کرایہ پرکار

租車

کارکا اشتراک کرنا

拼車

کھینچنے والا ٹرک

拖車

کوڑے والا ٹرک

垃圾車

کار

馬達

ایندھن

汽油

پٹرول اسٹیشن

加油站

ٹریفک کےنشانات

交通標識

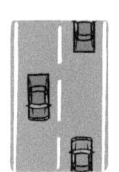

ٹریفک

交通

ٹریفک جام

交通堵塞

کارپارک

停車場

ٹرین اسٹیشن

火車站

پٹڑیاں

軌道

ٹرین

火車

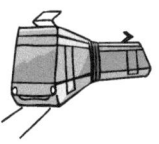

ٹرام

路面電車

ویگن

客車廂

ہیلی کاپٹر

直升機

ائرپورٹ

機場

ٹاور

塔

مسافر

乘客

کنٹینر

集裝箱

ڈبہ

紙板箱

ریڑھا

手推車

ٹوکری

籃子

اڑان بھرنا / زمین پراترنا

起飛/降落

شہر

城市

گاؤں

村莊

سٹی سنٹر

市中心

مکان

房子

سنیما
電影院
اشتہار
廣告
CINEMA
اسٹریٹ لیمپ
路燈
گلی
街道
ٹیکسی
計程車
اسنیک شاپ
小吃店
پیدل چلنے والا
行人
پُختہ راستہ
人行道
زیبرا کراسنگ
斑馬線
بن
垃圾箱
پارکرنے کی جگہ
十字路口
ٹریفک لائٹس
紅綠燈

ہٹ

小屋

فلیٹ

公寓

ٹرین اسٹیشن

火車站

ٹاؤن ہال

市政廳

عجائب گھر

博物館

اسکول

學校

یونیورسٹی

大學

بینک

銀行

ہسپتال

醫院

ہوٹل

飯店

فارمیسی

藥房

دفتر

辦公室

کتابوں کی دکان

書店

دکان

商店

پھولوں کی دُکان

花店

سُپرمارکیٹ

超市

مارکیٹ

市場

ڈیپارٹمنٹ سٹور

百貨商店

مچھلی کی دُکان

魚店

شاپنگ سنٹر

購物中心

بندرگاہ

海港

پارک

公園

بنچ

長凳

پُل

橋

سیڑھیاں

樓梯

انڈرگراؤنڈ

捷運

سرُنگ

隧道

بس اسٹاپ

公車站

شراب خانہ

酒吧

ریسٹورنٹ

餐館

پوسٹ باکس

郵筒

اسٹریٹ سائن

路標

پارکنگ میٹر

停車計時器

چڑیا گھر

動物園

سوئمنگ پول

游泳池

مسجد

清真寺

کھیت

農場

آلودگی

污染

قبرستان

墓地

چرچ

教堂

کھیل کا میدان

操場

مندر

寺廟

منظر

地形

پتہ
樹葉
رہنمائی کےلئےلگا ہوا بورڈ
指示牌
راستہ
路
سبزہ زار
草地
پتھر
石頭
پیدل چلنےوالا، ہائکر
徒步旅行者
درخت
樹
دریا
河
گھاس
草
پھول
花

وادی

峡谷

پہاڑی

丘陵

جھیل

湖

جنگل

森林

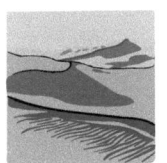

صحرا

沙漠

آتش فشاں

火山

قلعہ

城堡

قوس قزح

彩虹

کھمبی

蘑菇

کجھورکا درخت

棕櫚樹

مچھر

蚊子

مکھی

蒼蠅

چیونٹی

螞蟻

مکھی

蜜蜂

مکڑا

蜘蛛

بھونرا

甲蟲

مینڈک

青蛙

گلہری

松鼠

خارپُشت

刺蝟

خرگوش

野兔

اُلو

貓頭鷹

پرندہ

鳥

راج ہنس

天鵝

سؤر

野豬

ہرن

鹿

امریکی بارہ سنگھا

麋鹿

ڈیم

水壩

ہوا سے چلنے والی ٹربائین

風力發電機

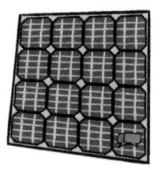

سولر پینل

太陽能電池板

آب وہوا

氣候

ریسٹورنٹ
餐館

ویٹر
服務生
مینیو
菜譜
椅子
سوپ
湯
پیزا
披薩餅
ٹیبل کلاتھ
桌布
کٹلری

استارٹر
前菜

مین کورس
主菜

ڈیزرٹ
甜點

مشروبات
飲料

کھانےکی اشیاء
食物

بوتل
瓶子

فاسٹ فوڈ

速食

اسٹریٹ فوڈ

街邊小吃

چائےدانی

茶壺

شوگرباکس

糖盒

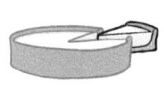

حصہ

一份飯菜

ایسپریسو مشین

義式咖啡機

اونچی کُرسی

高腳椅

بل

帳單

ٹرے

托盤

چھُری

刀

کانٹا

餐叉

چمچ

勺子

چائےکا چمچ

茶匙

سرویئیٹی

餐巾

شیشہ

玻璃杯

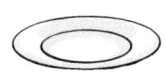

پلیٹ

碟子

سوپ پلیٹ

湯盤

طشتری

碟子

چٹنی

醬

سالٹ شیکر

鹽瓶

پیپر مل

胡椒研磨罐

سرکہ

醋

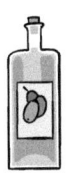

خوردنی تیل

食用油

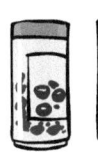

مصالحے

調味料

کیچپ

番茄醬

سرسوں

芥末

میئونیز

美乃滋

سُپرمارکیٹ

超市

خصوصی پیشکش
特價
گاہک
顧客
ڈیری
乳製品
購物車
پھل
水果

گوشت کی دُکان

肉鋪

بیکری

麵包店

وزن کرنا

稱重

سبزیاں

蔬菜

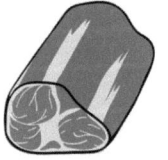

گوشت

肉

جما ہوا کھانا

冷凍食品

کولڈ کٹس

冷盤

ڈبےمیں بند کھانا

罐頭食品

واشنگ پاؤڈر

洗衣粉

مٹھائیاں

甜食

گھریلو مصنوعات

日用品

صاف کرنےکیلئےمصنوعات

清潔用品

سیلزپرسن

銷售員

کیش رجسٹر

收銀機

کیشئیر

收銀員

خریداری کی فہرست

購物清單

اوقات کار

開放時間

بٹوہ

錢包

کریڈٹ کارڈ

信用卡

تھیلا

袋子

پلاسٹک کےتھیلے

塑膠袋

مشروبات
飲料

پانی

水

جوس، رس

果汁

دودھ

牛奶

کوک

可樂

وائن

紅酒

بیئر

啤酒

الکوحل

酒

کوکوآ

可可

چائے

茶

کافی

咖啡

ایسپریسو

義式濃縮咖啡

کیپاچینو

卡布奇諾

کیلا

香蕉

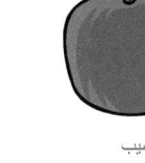

سیب

蘋果

مالٹا

柳丁

خربوزہ

西瓜

لیموں

檸檬

گاجر

胡蘿蔔

لہسن

大蒜

بانس

竹子

پیاز

洋蔥

کھُمبی

蘑菇

اخروٹ، بادام وغیرہ

堅果

نوڈلز

麵條

اسپیگیٹی

義大利麵

چاول

米飯

سلاد

沙拉

چپس

薯條

تلےگئےآلو

炸馬鈴薯

پیزا

披薩餅

ہیم برگر

漢堡

سینڈوچ

三明治

کٹلیٹ

炸豬排

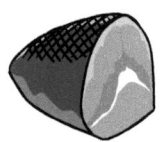

سؤرکی ران کا گوشت

火腿

گوشت کی اطالوی ساسیج

義大利臘腸

ساسیج

香腸

مُرغی

雞肉

روسٹ

烤肉

مچھلی

魚

جئی کا دلیہ

燕麥片

میوزلی

木斯里

کارن فلیکس

玉米片

آٹا

麵粉

کروئیسنٹ

牛角麵包

بریڈ رول

麵包捲

بریڈ

麵包

ٹوسٹ

吐司

بسکٹ

餅乾

مکھن

奶油

دہی

凝乳

کیک

蛋糕

انڈا

蛋

فرائی کیا گیا انڈہ

煎蛋

پنیر

起司

آئس کریم

冰淇淋

چینی

糖

شہد

蜂蜜

جام

果醬

ناؤگٹ کریم

巧克力醬

سالن

咖哩

کھانے کی اشیاء - 食物

کھیت
農場

کھلیان
糧倉
تنکوں کی گانٹھ
稻草捆
کھیت
田野
گھوڑا
馬
ٹریلر
拖車
گھوڑے کا بچہ
馬駒
ٹریکٹر
拖拉機
گدھا
驢
بھیڑ
羊
میمنہ
羔羊

بکری

山羊

گائے

奶牛

بچھڑا

小牛

سؤر

豬

سؤر کا بچہ

小豬

سانڈ

公牛

راج ہنس

鵝

بطخ

鴨

چوزہ

小雞

مُرغی

母雞

مُرغا

公雞

چوہا

鼠

بلی

貓

چوہا

老鼠

بیلچہ

牛

کُتا

狗

کُتے کا گھر

狗屋

گارڈن ہاؤس

花園澆水軟管

پانی کا کین

澆水壺

درانتی

長柄大鐮刀

ہل

犁

درانتی

鐮刀

بیلچہ

鋤頭

ترنگل

長柄草耙

کلہاڑا

斧頭

ہتہ گاڑی

獨輪手推車

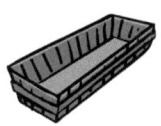

حوض

飼料槽

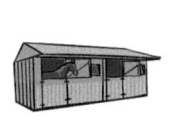

دودھ کا کین

牛奶罐

تھیلا

麻布袋

باڑ

柵欄

اصطبل

馬廄

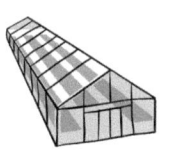

گرین ہاؤس

溫室

مٹی

土壤

بیج

種子

فرٹیلائیزر

肥料

کمبائن ہارویسٹر

聯合收割機

فصل کاٹنا

收割

فصل کاٹنا

收割

افریقی آلو

地瓜

گندم

小麥

سویا

大豆

آلو

土豆

مکئی

玉米

توریا کا تیل

油菜籽

پهلداردرخت

果樹

کساوا

樹薯

دلیہ

穀物

مکان
房子

چمنی
چھت
屋頂
نیچے جانے والا پائپ
落水管
کھڑکی
窗戶
گیراج
車庫
دروازے کی گھنٹی
門鈴
دروازہ
門
کوڑے کی ٹوکری
垃圾桶
لیٹرباکس
信箱
گارڈن
花園

لوونگ روم

客廳

غُسل خانہ

浴室

باورچی خانہ

廚房

بیڈروم

卧室

بچوں کا کمرہ

兒童房

کھانے کا کمرہ

餐廳

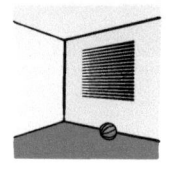

فرش

地板

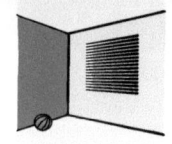

دیوار

牆壁

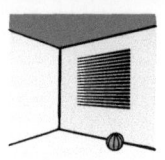

چھت

天花板

تہ خانہ

地窖

سوانا

三溫暖

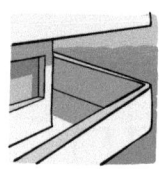

بالکونی

陽臺

ٹیریس

露臺

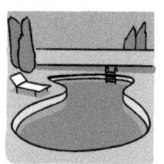

پول

游泳池

گھاس کاٹنے کی مشین

割草機

چادر

被單

چادر

床罩

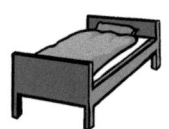

بستر

床

جھاڑو

掃帚

بالٹی

水桶

سوئچ

開關

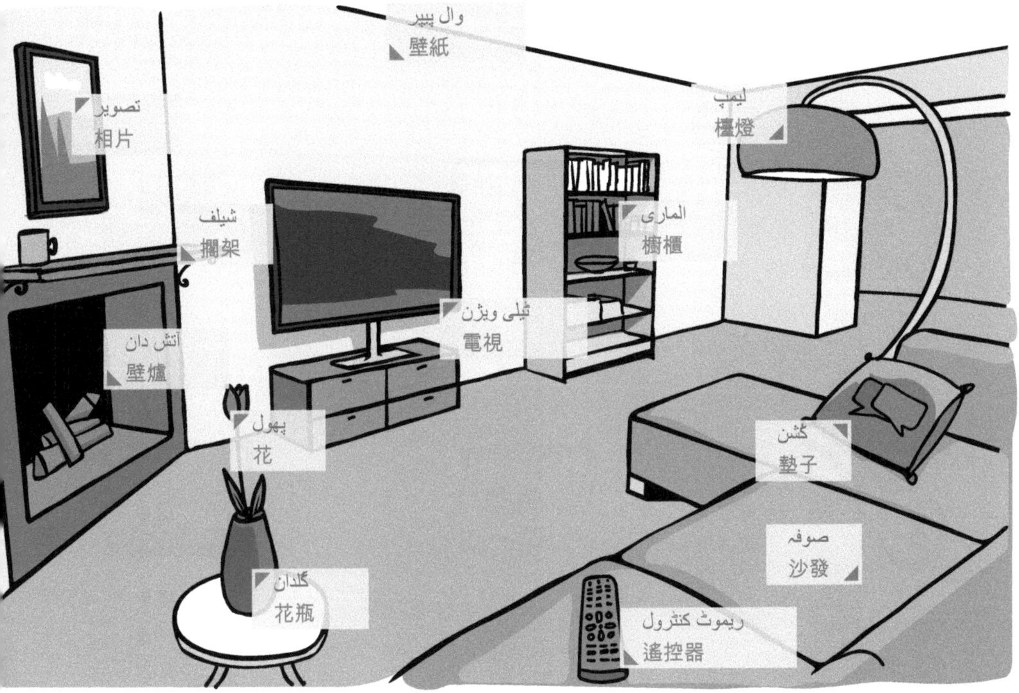

لوونگ روم

客廳

وال پیپر
壁紙
تصویر
相片
لیمپ
檯燈
شیلف
擱架
الماری
櫥櫃
ٹیلی ویژن
電視
آتش دان
壁爐
پھول
花
کُشن
墊子
صوفہ
沙發
گلدان
花瓶
ریموٹ کنٹرول
遙控器

قالین

地毯

پردے

窗簾

میز

餐桌

کُرسی

椅子

ہلنے والی کُرسی

搖椅

آرام کُرسی

扶手椅

کتاب

書

کمبل

毯子

آرائش

裝飾品

جلانے کی لکڑی

木柴

فلم

電影

ہائی فائی

高傳真音響

چابی

鑰匙

اخبار

報紙

پینٹنگ

油畫

پوسٹر

海報

ریڈیو

收音機

نوٹ بُک

筆記本

ویکیوم کلینر

吸塵器

کیکٹس

仙人掌

موم بتی

蠟燭

باورچی خانہ
廚房

فرج
冰箱
مائیکروویواوون
微波爐
کچن اسکیل
ٹوسٹر
烤麵包機
کپڑےدھونےکا پاؤڈر
洗潔精
چولہا
烤箱
فریزر
冰櫃
کوڑےکی ٹوکری
垃圾桶
ڈش واشر
洗碗機

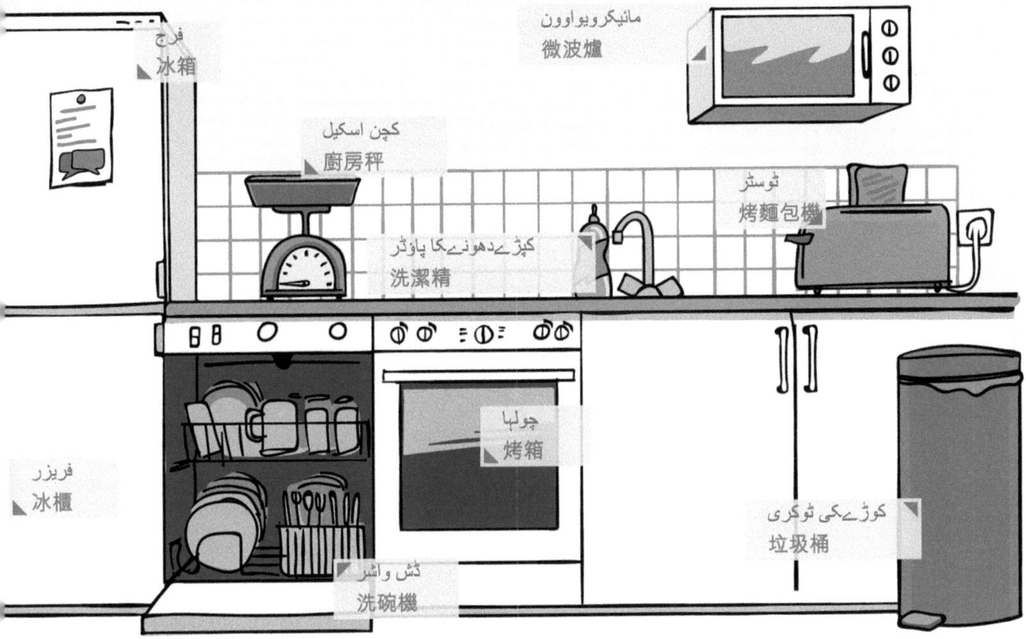

ککر

炊具

برتن

鍋

لوہےکا برتن

鑄鐵鍋

کڑاہی

炒鍋

برتن

平底鍋

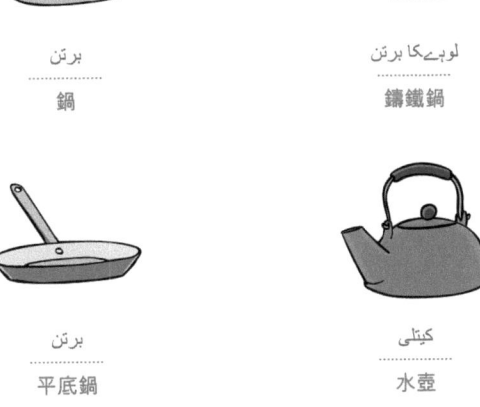

کیتلی

水壺

استیمر

蒸鍋

بیکنگ ٹرے

烤盤

کراکری

陶瓷鍋

مگ

馬克杯

پیالہ

碗

چاپ اسٹکس

筷子

ڈوئی

長柄勺

کفچہ

鏟子

جھاڑودینا

攪拌器

مقطر

濾網

چھلنی

篩子

گریٹر

磨碎機

کونڈی

研缽

باربی کیو

燒烤

کھُلی آگ

明火

چاپنگ بورڈ

菜板

بیلن

擀麵杖

کارک اسکریو

開瓶器

کین

罐子

کین اوپنر

開罐器

برتن پکڑنے والا کپڑا

隔熱手套

سنک

水槽

برش

刷子

اسپونج

海綿

بلینڈر

攪拌機

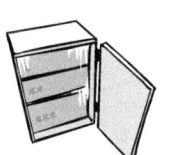

ڈیپ فریز

冷藏箱

بچے کی بوتل

奶瓶

ٹونٹی

水龍頭

غُسل خانہ

浴室

ہیٹنگ
供暖裝置
تولیہ
毛巾
شاور
淋浴
شاورکرٹن
浴簾
ببل باتھ
泡沫浴
باتھ ٹب
浴缸
واشنگ مشین
洗衣機
ٹائلیں
瓷磚
پاٹی
便壺
شیشہ
玻璃杯
ٹونٹی
水龍頭
سنک
水槽

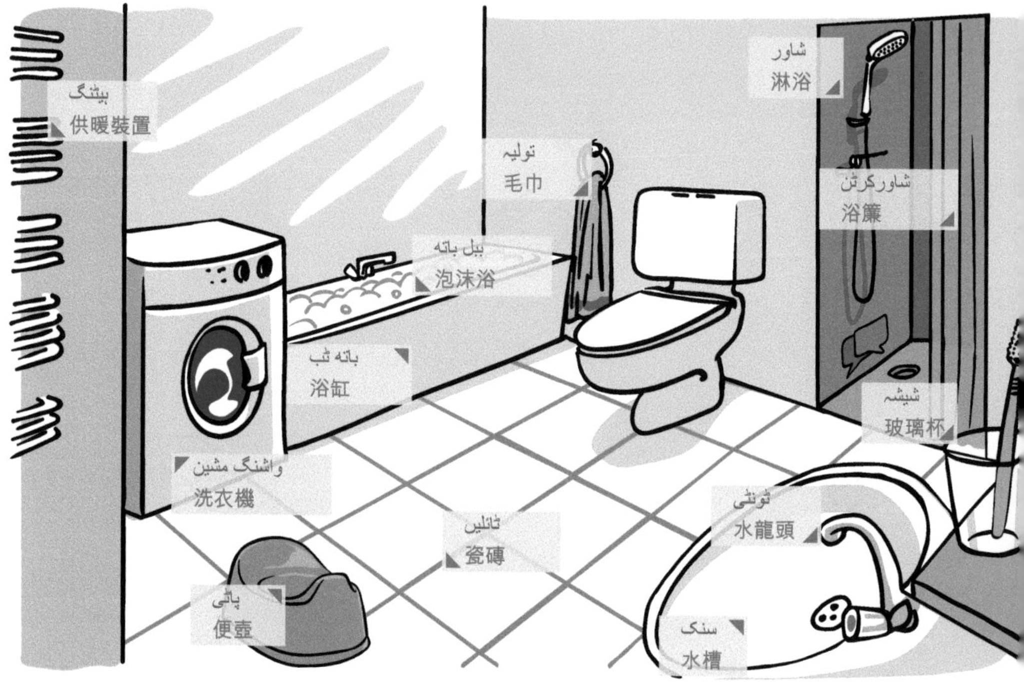

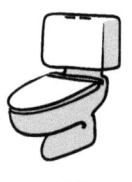

ٹائلٹ

廁所

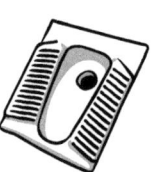

دوزانوں بیٹھنےوالی ٹائلٹ

蹲便器

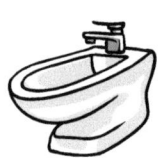

نچلاحصہ دھونےکیلئےپاٹ

坐浴器

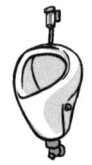

پیشاب گاہ

小便斗

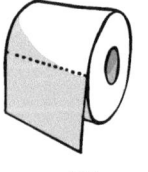

ٹائلٹ پیپر

廁紙

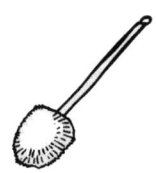

ٹائلٹ برش

馬桶刷

ٹوتھ برش

牙刷

ٹوتھ پیسٹ

牙膏

ڈینٹل فلاس

牙線

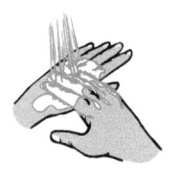

دھونا

洗

ہینڈ شاور

手持式蓮蓬頭

شاور

沖洗器

بیسن

洗臉盆

بیک برش

洗背刷

صابن

肥皂

شاورجل

沐浴露

شیمپو

洗髮乳

فلالین

法蘭絨

ڈرین

排水

کریم

乳霜

ڈیوڈورنٹ

除臭劑

غسل خانہ - 浴室

آئینہ

鏡子

ہاتھ میں پکڑا جانےوالا آئینہ

手鏡

ریزر

刮鬍刀

شیونگ فوم

刮鬍泡沫

آفٹرشیو

鬍後水

کنگھی

梳子

برش

刷子

ہیئرڈرائر

吹風機

ہیئراسپرے

噴髮定型劑

میک اپ

化妝品

لپ اسٹک

唇膏

نیل وارنش

指甲油

روئی

化妝棉

ناخن کاٹنےکی قینچی

指甲剪

پرفیوم

香水

واش بیگ

洗漱包

پاخانہ

凳子

وزن کرنےکی مشین

計重秤

باتھ روب

浴袍

ربڑکےدستانے

橡膠手套

ٹیمپون

衛生棉條

سینیٹری ٹاول

衛生棉

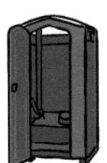

کیمیکل ٹائلٹ

化學廁所

بچوں کا کمرہ

兒童房

الارم کلاک
鬧鐘
کڈلی ٹوائے
毛絨玩具
کھلونا کار
玩具車
جُھنجھنا
撥浪鼓
گڑیا گھر
玩具屋
موجود
禮物

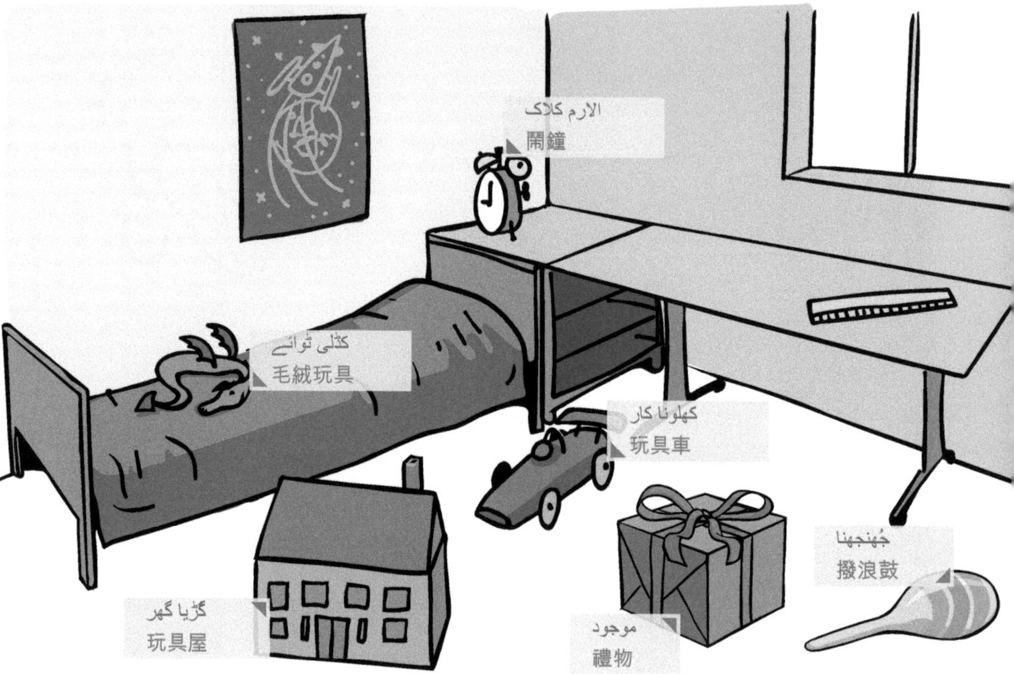

غبارہ

氣球

بستر

床

پرام

嬰兒車

ڈیک آف کارڈز

撲克牌

جگسا

拼圖

کامک

漫畫

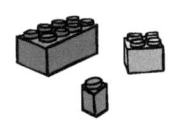

لیگوبرکس
樂高積木

کھلونا بلاکس
積木玩具

ایکشن فگر
公仔

بچےکا لباس
嬰兒服

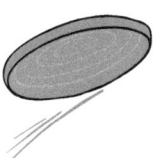

فرسبی
飛盤

کھلونا موبائل
床鈴玩具

بورڈ گیم
棋盤遊戲

ڈائس
骰子

ماڈل ٹرین سیٹ
火車模型

ڈمی
安撫奶嘴

پارٹی
派對

تصاویروالی کتاب
繪本

گیند
球

گڑیا
洋娃娃

کھیلنا
玩

سینڈ پٹ

沙坑

جھولا جھولنا

鞦韆

کھلونے

玩具

وڈیوگیم کنسول

電玩遊戲

تین پہیوں والی سائیکل

三輪車

ٹیڈی بیئر

泰迪熊

کپڑوں کی الماری

衣櫃

لباس

衣服

موزے

襪子

اسٹاکنگز

長襪

ٹائٹس

緊身褲

اسکارف
圍巾
چھتری
雨傘
ٹی شرٹ
T恤
بیلٹ
皮帶
بوٹ
靴子
سلیپر
拖鞋
اسنیکرز
運動鞋

سینڈل

涼鞋

جوتے

鞋

ربڑ کے بوٹس

雨靴

زیر جامہ

內褲

بریزئیر

胸罩

واسکٹ

背心

جسم

身體

پتلون

褲子

جینز

牛仔褲

اسکرٹ

短裙

بلاؤز

女式襯衫

قمیض

襯衫

پُل اوور

套頭衫

سویٹر

連帽上衣

بلیزر

西裝夾克

جیکٹ

夾克

کوٹ

外套

رین کوٹ

雨衣

کوئی خاص لباس

套裝

لباس

連衣裙

شادی کا لباس

婚紗

لباس - 衣服

سوٹ

西裝

نائٹ گاؤن

睡袍

پائجامہ

睡衣

ساڑھی

莎麗

سرپرلیا جانےوالا اسکارف

頭巾

پگڑی

包頭巾

بُرقع

波卡

کفتان

卡夫坦

عبایہ

(阿拉伯式)長袍

تیراکی کا سوٹ

泳衣

ٹرنک

男式泳褲

نیکر

短褲

ٹریک سوٹ

運動服

اپرن

圍裙

دستانے

手套

بٹن

鈕扣

عینک

眼鏡

کنگن

手鏈

ہار

項鍊

انگوٹھی

戒指

کانوں کی بالیاں

耳環

ٹوپی

便帽

کوٹ ہینگر

衣架

ہیٹ

帽子

ٹائی

領帶

زپ

拉鍊

ہیلمٹ

安全帽

بریسز

背帶

سکول یونیفارم

校服

وردی

制服

بب

圍兜

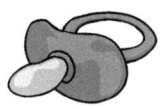

ڈمی

安撫奶嘴

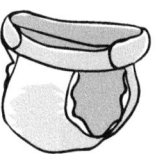

نیپی

尿布

دفتر

辦公室

سرور
伺服器
فائلوں کی الماری
檔案櫃
کاغذ
紙
پرنٹر
印表機
مانیٹر
螢幕
ماؤس
滑鼠
میز
فولڈر
資料夾
کی بورڈ
鍵盤
ویسٹ پیپرباسکٹ
廢紙簍
کمپیوٹر
電腦
کُرسی
椅子

کافی مگ

咖啡杯

کیلکولیٹر

計算機

انٹرنیٹ

網際網路

لیپ ٹاپ

筆記型電腦

خط

信件

پیغام

簡訊

موبائل

行動電話

نیٹ ورک

網路

فوٹوکاپئیر

影印機

سافٹ ویئر

軟體

ٹیلی فون

電話

پلگ ساکٹ

插座

فیکس مشین

傳真機

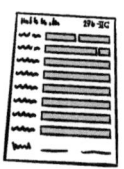

فارم

表格

دستاویز

檔案

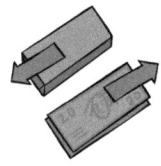

خریدنا

買

ادائیگی کرنا

付錢

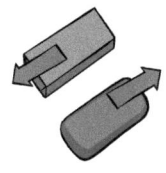

تجارت کرنا

交易

رقم

現金

ڈالر

美元

یورو

歐元

ین

日元

روبل

盧布

سوئس فرانک

瑞士法郎

CNY

رینمنیبی یوآن

人民幣

INR

روپیہ

盧比

کیش پوائنٹ

提款處

رقم تبدیل کرانےکیلئےدفتر

外幣兌換處

سونا

金

چاندی

銀

خام تیل

石油

توانائی

能源

قیمت

價格

معاہدہ

合約

ٹیکس

稅金

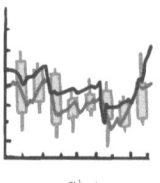

اسٹاک

股票

کام کرنا

工作

ملازم

職員

آجر

老闆

فیکٹری

工廠

دکان

商店

پیشے
職業

فائرمین
消防員
پولیس افسر
警官
خانساماں، کُک
廚師
ڈاکٹر
醫師
پائلٹ
飛行員

مالی

園丁

ترکھان

木匠

درزن

裁縫

جج

法官

کیمسٹ

化學家

اداکار

演員

بس ڈرائیور

公車司機

ٹیکسی ڈرائیور

計程車司機

مچھیرا

漁夫

صفائی کرنےوالی عورت

清洗女工

چھت بنانےوالا

屋頂工

ویٹر

服務生

شکاری

獵人

پینٹر

畫家

بیکر

麵包師

الیکٹریشین

電工

بلڈر

建築工人

انجینئیر

工程師

قصائی

屠夫

پلمبر

水管工

ڈاکیا

郵差

سپاہی

士兵

آرکیٹیکٹ

建築師

کیشئیر

收銀員

پھول بیچنےوالا

花農

نائی

理髮師

کنڈکٹر

售票員

مکینک

機械技師

کپتان

船長

ڈینٹسٹ

牙醫

سائنسدان

科學家

یہودی عالم

拉比

امام

伊瑪目

راہب

和尚

پادری

牧師

اوزار
工具

پلائرز
鉗子
ہتھوڑا
鐵錘
پیچ کس
螺絲起子
رینچ
扳手
ٹارچ
手電筒

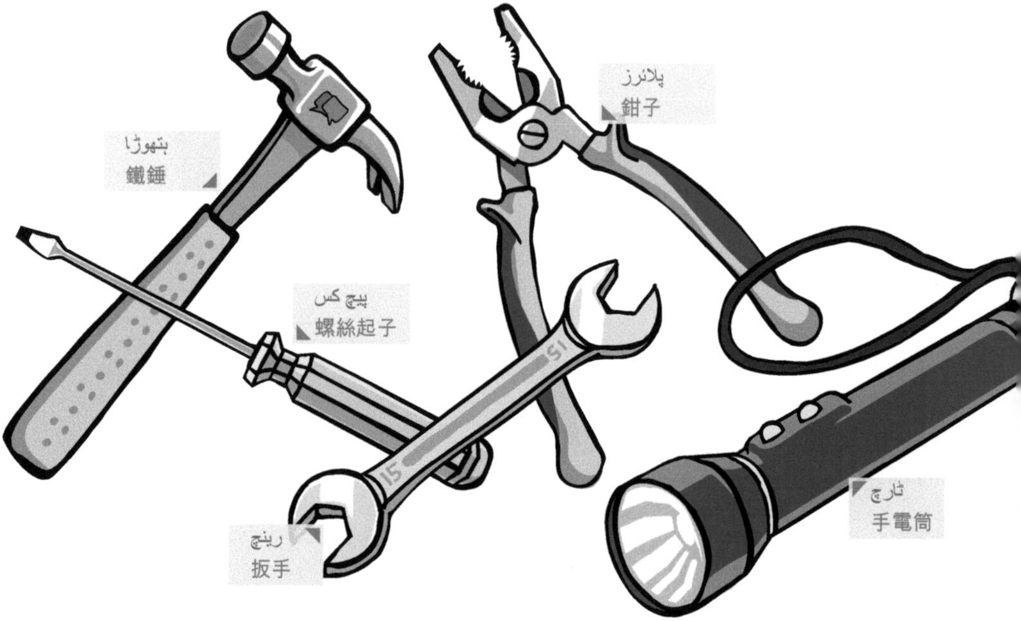

ایکسکویٹر

挖掘機

ٹول باکس

工具箱

سیڑھی

梯子

آری

鋸子

کیل

釘子

ڈرل

鑽機

مرمت کرنا

修

بیلچہ

鏟子

لعنت ہو!

糟糕！

ڈسٹ پین

畚箕

پینٹ پاٹ

油漆桶

پیچ

螺絲

آلات موسیقی
樂器

لاؤڈ اسپیکر
揚聲器

ڈرم سیٹ
打擊樂器 ◢

گٹار
吉他 ◢

ڈبل باس
低音提琴

بگل
小號

پیانو

鋼琴

وائلن

小提琴

موسیقی کی آواز

貝斯

ٹمپانی

定音鼓

ڈھول، ڈرمز

鼓

کی بورڈ

電子琴

سیکسوفون

薩克斯風

بانسری

長笛

مائیکروفون

麥克風

داخلے کا راستہ
入口

چیتا
老虎

پنجرہ
籠子

زیبرا
斑馬

جانوروں کا چارہ
動物飼料

پانڈا
熊貓

جانور
動物

ہاتھی
大象

کینگرو
袋鼠

گینڈا
犀牛

گوریلا
大猩猩

ریچھ
熊

اونٹ

駱駝

شُترمُرغ

鴕鳥

شیر

獅子

بندر

猴子

فلیمنگو

紅鶴

طوطا

鸚鵡

قطبی ریچھ

北極熊

کبوتر

企鵝

شارک

鯊魚

مور

孔雀

سانپ

蛇

مگرمچھ

鱷魚

چڑیا گھر کا محافظ

動物園管理員

سیل

海豹

امریکی تیندوا

美洲豹

ٹٹو

矮種馬

چیتا

豹

دریائی گھوڑا

河馬

زرافہ

長頸鹿

عقاب

老鷹

سؤر

野豬

مچھلی

魚

کچھوا

龜

سمندری گھوڑا

海象

لومڑی

狐狸

غزال ہرن

羚羊

کھیلیں
體育

امریکن فٹ بال
橄欖球
سائیکلنگ
騎腳踏車
ٹینس
網球
باسکٹ بال
籃球
پیراکی
游泳
باکسنگ
拳擊
آئس ہاکی
冰球

فٹ بال

美式足球

بیڈمنٹن

羽毛球

اتھلیٹکس

田徑

ہینڈ بال

手球

اسکیئنگ

滑雪

پولو

馬球

چھلانگ ل

بنسنا
笑

گلے لگانا
擁抱

گانا
唱

چلنا
走路

دُعا کرنا
祈禱

چُومنا
親吻

خواب دیکھنا
做夢

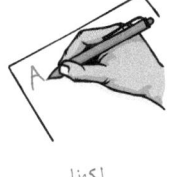

لکھنا

書寫

تصویر کشی کرنا

畫

دکھانا

展示

آگے کی طرف دھکیلنا

推

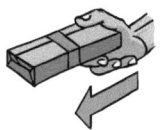

دینا

給

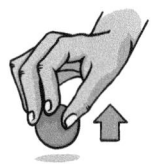

لینا

拿

رکھنا

有

کرنا

做

ہونا

當

کھڑا ہونا

站

دوڑنا

跑

کھینچنا

拉

پھینکنا

丟

گرنا

摔倒

جھوٹ بولنا

躺

انتظار کرنا

等待

اُٹھانا

攜帶

بیٹھنا

坐

ملبوس ہونا

穿衣

سونا

睡覺

جاگنا

醒來

دیکھنا

看

رونا

哭

چوٹ لگانا

擊

کنگھی کرنا

梳頭

بات کرنا

交談

سمجھنا

明白

پوچھنا

問

مُتوجہ ہونا

聽

پینا

喝

کھانا

吃

صاف کرنا

清理

پیارکرنا

愛

پکانا

做飯

گاڑی چلانا

開車

اُڑنا

飛

بحری سفرکرنا

航行

شمارکریں

計算

پڑھنا

讀

سیکھنا

學習

کام کرنا

工作

شادی کرنا

結婚

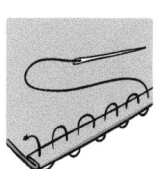

سینا

縫

دانت صاف کرنا

刷牙

جان سےماردینا

殺

تمباکونوشی کرنا

抽菸

بھیجنا

寄

خاندان
家

دادی
祖母
دادا
祖父
باپ
父親
母親
طفل
嬰兒
بیٹی
女兒
بیٹا
兒子

مہمان

客人

چچی

阿姨

چچا

叔叔

بھائی

兄弟

بہن

姐妹

جسم

身體

ماتھا
前額
آنکھ
眼睛
کندھا
肩膀
انگلی
手指
چہرہ
臉
下巴
ہاتھ
手
ٹانگ
腿
چھاتی
乳房
بازو
手臂

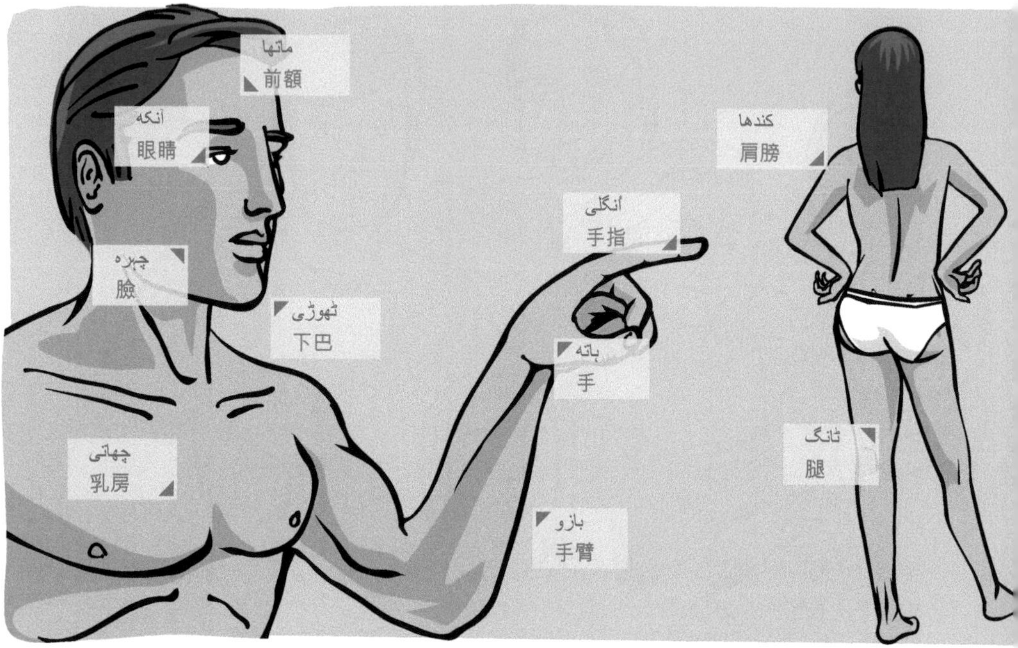

طفل

嬰兒

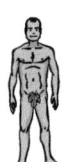

آدمی

男人

عورت

女人

لڑکی

女孩

لڑکا

男孩

سر

頭

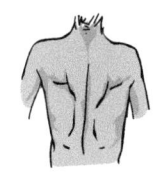

کمر

背部

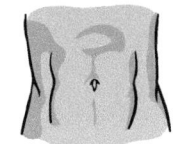

پیٹ

肚子

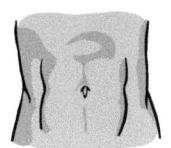

ناف

肚臍

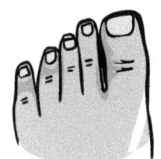

پاؤں کا انگوٹھا

腳趾

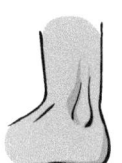

ایڑھی

腳後跟

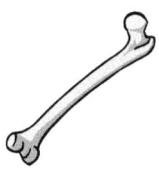

ہڈی

骨頭

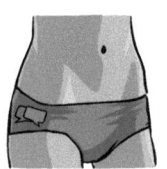

کولہا

臀部

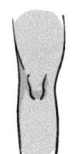

گھٹنا

膝蓋

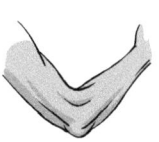

کہنی

手肘

ناک

鼻子

نچلا حصہ

屁股

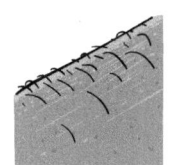

جلد

皮膚

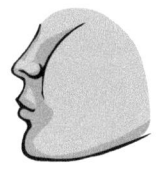

گال

臉頰

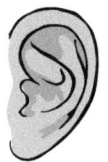

کار

耳朵

ہونٹ

嘴唇

مُنہ

嘴

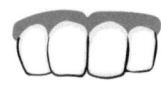

دانت

牙齒

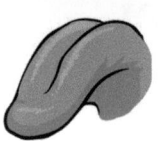

زُبان

舌頭

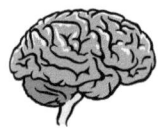

دماغ

腦

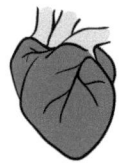

دل

心臟

پٹھہ

肌肉

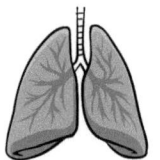

پھیپھڑا

肺

جگر

肝臟

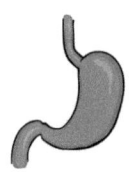

معدہ

胃

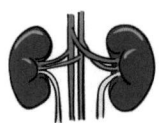

گردے

腎臟

جنس

性交

کنڈوم

保險套

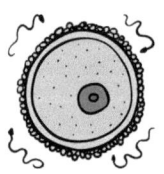

بیضہ

卵子

مادہ منویہ

精子

حمل

懷孕

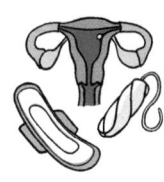

حیض

月事

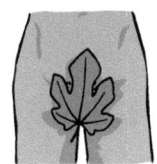

اندام نهانی

陰道

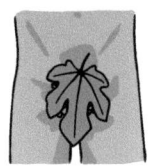

عضوتناسل

陰莖

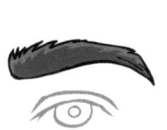

بهنویں

眉毛

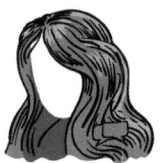

بال

頭髮

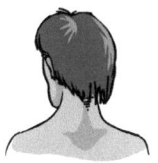

گردن

脖子

ہسپتال
醫院

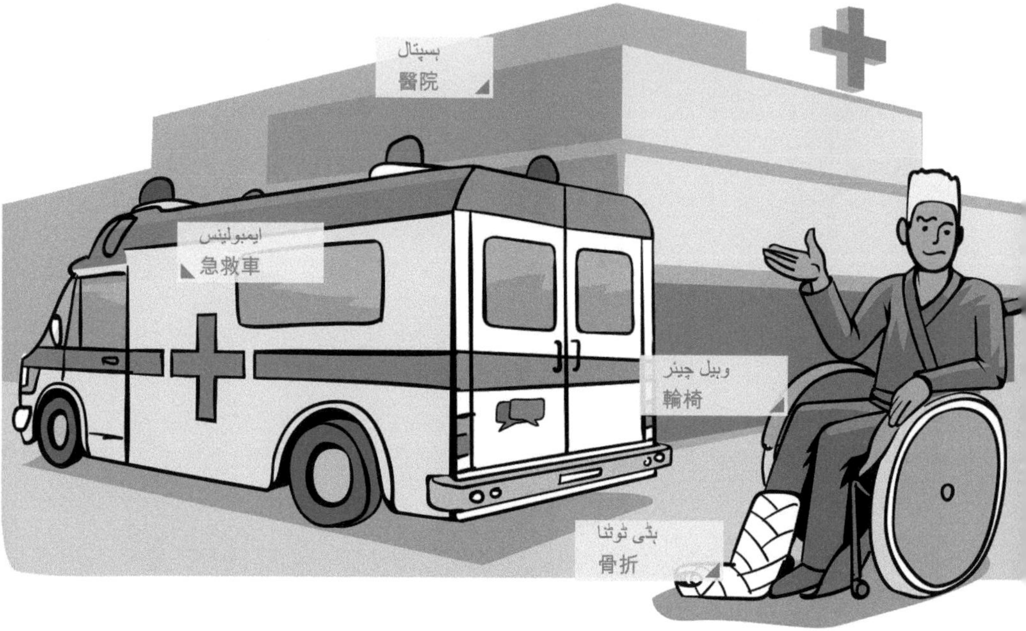

ہسپتال
醫院
ایمبولینس
急救車
وہیل چیئر
輪椅
ہڈی ٹوٹنا
骨折

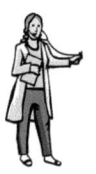

ڈاکٹر

醫師

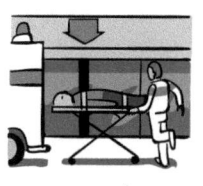

ہنگامی کمرہ

急診室

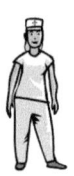

نرس

護理師

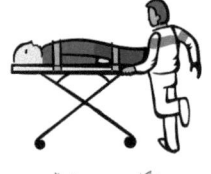

ہنگامی صورتحال

緊急情形

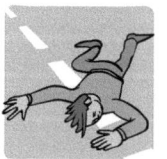

بےہوش

昏迷

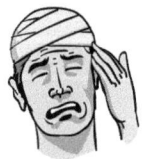

درد

痛

زخم

受傷

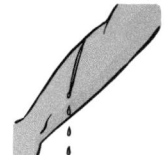

خون بہنا

出血

دل کا دورہ

心臟病發作

فالج

中風

الرجی

過敏

کھانسی

咳嗽

بخار

發燒

زکام

流感

اسہال

腹瀉

سردرد

頭痛

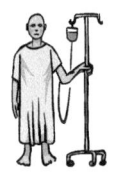

کینسر

癌症

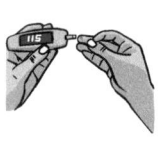

ذیابیطس

糖尿病

سرجن

外科醫師

نشتر

手術刀

آپریشن

手術

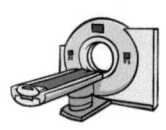

سی ٹی

電腦斷層掃描

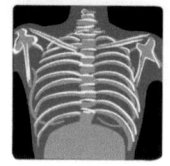

ایکس رے

X光

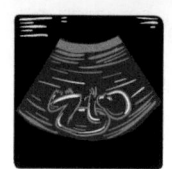

الٹراساؤنڈ

超音波

چہرے کا نقاب

口罩

بیماری

疾病

انتظارگاہ

候診室

بیساکھی

拐杖

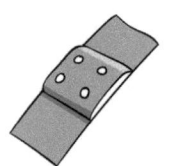

پلاسٹر

石膏

پٹی

繃帶

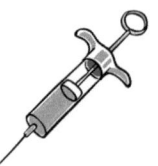

انجکشن

注射

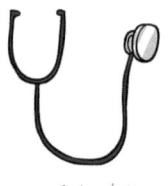

اسٹیتھواسکوپ

聽診器

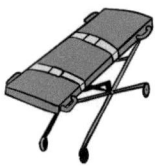

اسٹریچر

擔架

مطبی تھرما میٹر

體溫計

پیدائش

出生

حد سے زیادہ وزن

超重

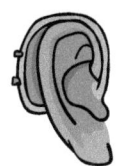

آلہ سماعت

助聽器

جراثیم کش

消毒液

انفیکشن

感染

وائرس

病毒

ایچ آئی وی/ ایڈز

愛滋病

دوا

藥物

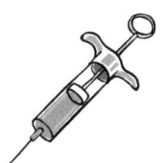

ویکسی نیشن

接種疫苗

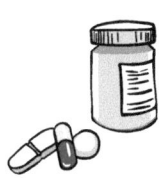

گولیاں

藥片

گولی

藥丸

ہنگامی کال

急救電話

بلڈ پریشرمانیٹر

血壓計

بیمار / صحتمند

生病/健康

ہنگامی صورتحال

緊急情形

مدد!

救命！

الارم

警報

مُجرمانہ حملہ

突擊

حملہ

攻擊

خطرہ

危險

ہنگامی راستہ

緊急出口

آگ!

失火了！

آگ بُجھانےوالہ آلہ

滅火器

حادثہ

意外

ابتدائی طبی امداد کی کٹ

急救箱

ایس اوایس

呼救訊號

پولیس

員警

یورپ
....
歐洲

شمالی امریکہ
....
北美洲

جنوبی امریکہ
....
南美洲

افریقہ
....
非洲

ایشیا
....
亞洲

آسٹریلیا
....
澳洲

بحر اوقیانوس
....
大西洋

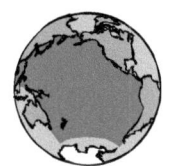

بحر الکاہل
....
太平洋

بحر ہند
....
印度洋

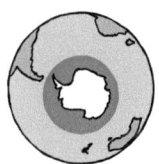

بحرقُطب جنوبی
....
南冰洋

بحرقُطب شمالی
....
北冰洋

قُطب شمالی
....
北極

قُطب جنوبى

南極

انٹاركٹیكا

南極洲

زمین

地球

زمین

陸地

سمندر

海

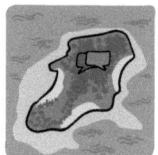

جزیره

島

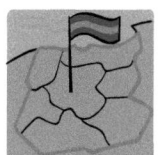

قوم

國家

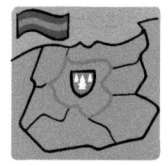

ریاست

州

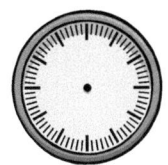

کلاک
鐘錶

کلاک کا سامنےکا حصہ

錶盤

گھنٹوں والی سوئی

時針

منٹوں والی سوئی

分針

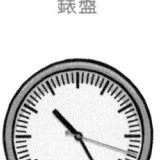

سیکنڈ ہینڈ

秒針

کیا وقت ہوا ہے؟

現在幾點？

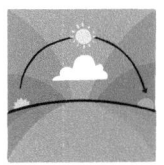

دن

天

وقت

時間

اب

現在

ڈیجیٹل گھڑی

電子錶

منٹ

分

گھنٹہ

時

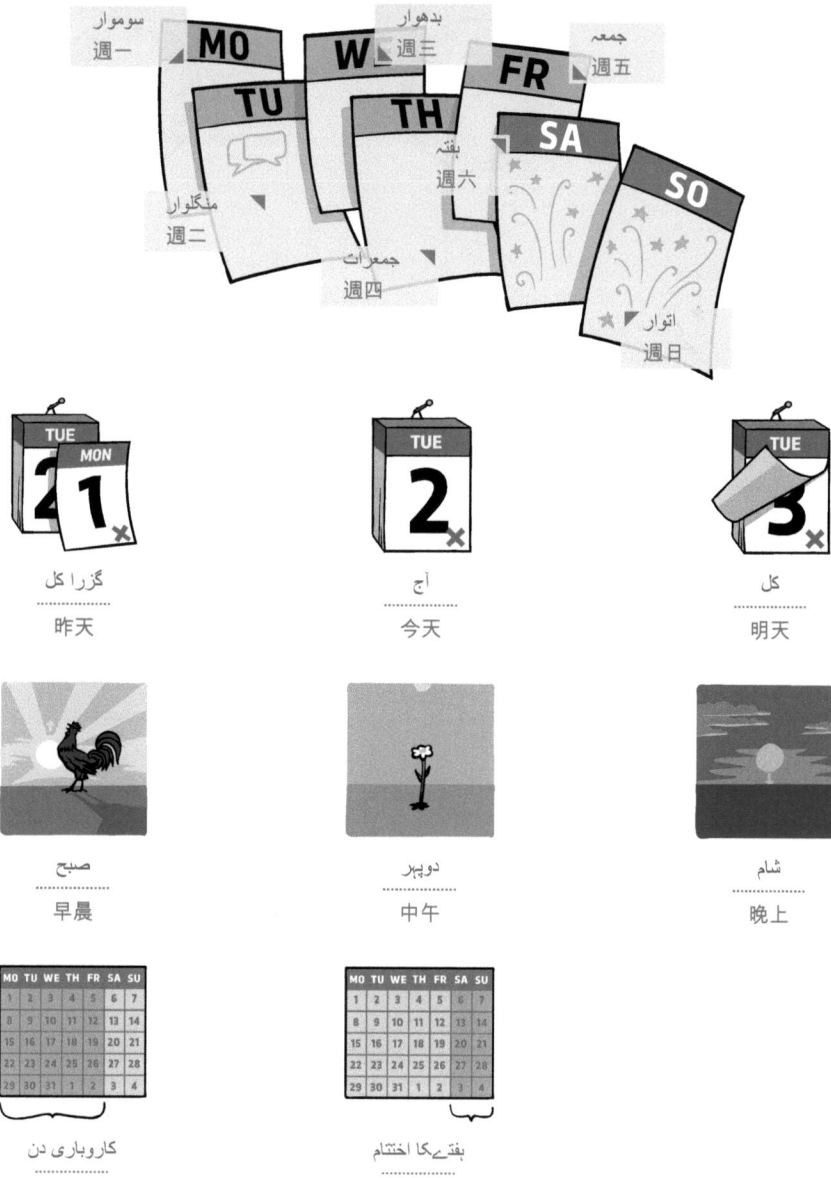

سوموار
週一

بدھوار
週三

جمعہ
週五

MO

W

FR

TU

TH

SA

منگلوار
週二

ہفتہ
週六

جمعرات
週四

SO

اتوار
週日

گزرا کل

昨天

آج

今天

کل

明天

صبح

早晨

دوپہر

中午

شام

晚上

کاروباری دن

工作日

ہفتے کا اختتام

週末

سال

年

قوس قزح
彩虹
بارش
雨
برف
雪
風
بہار
春
خزاں
秋
موسم گرما
夏
موسم سرما
冬

موسمی پیش گوئی

天氣預告

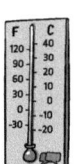

تھرما میٹر

溫度計

دھوپ

陽光

بادل

雲

دُھند

霧

حبس

潮濕

بجلی کوندھنا

閃電

بادلوں کی گرج

打雷

طوفان

風暴

ژالہ باری

冰雹

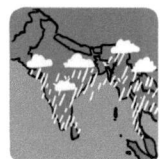

مون سون

季風

سیلاب

洪水

برف

冰

جنوری

一月

فروری

二月

مارچ

三月

اپریل

四月

مئی

五月

جون

六月

جولائی

七月

اگست

八月

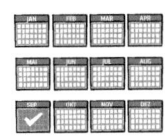

ستمبر

九月

اکتوبر

十月

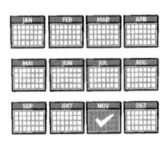

نومبر

十一月

دسمبر

十二月

اشکال

形狀

دائرہ

圓形

چوکور

正方形

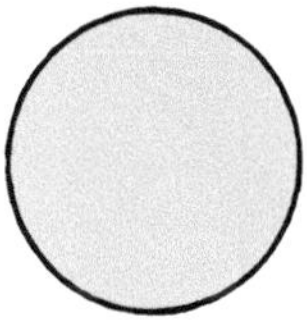

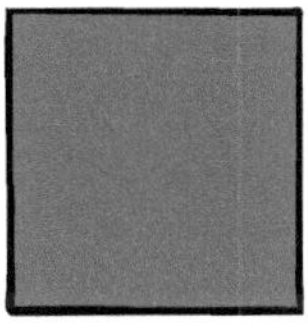

مُستطیل

長方形

تکون

三角形

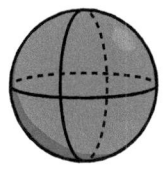

کُرہ

球體

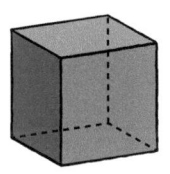

مکعب

立方體

رنگ

顏色

سفید

白

پیلا

黃

نارنجی

橙

گلابی

粉

سُرخ

紅

جامنی

紫

نیلا

藍

سبز

綠

بھورا

棕

مٹیالا

灰

سیاہ

黑

مخالف

反義詞

بہت زیادہ / بہت کم

很多/少許

ناراض / پُرسکون

生氣/平靜

خوبصورت / بدصورت

美/醜

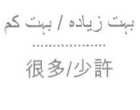

آغاز / اختتام

首/尾

بڑا / چھوٹا

大/小

روشن / اندھیرا

明/暗

بھائی / بہن

兄弟/姐妹

صاف / گندا

乾淨/骯髒

مکمل / نامکمل

完整/缺失

دن / رات

白天/晚上

زندہ / مُردہ

死/生

چوڑا / تنگ

寬/窄

کھانے کے قابل ہونا / کھانے کے قابل نہ ہونا

可食用/非食用

بُرا / اچھا

邪惡/善良

پُرجوش / بوریت کا شکار

興奮/無聊

موٹا / دُبلا

胖/瘦

پہلا / آخری

第一/最後

دوست / دُشمن

朋友/敵人

بھرا ہوا / خالی

滿/空

سخت / نرم

硬/軟

بوجھل / ہلکا

重/輕

بھوک / پیاس

餓/渴

بیمار / صحتمند

生病/健康

غیرقانونی / قانونی

非法/合法

عقلمند / بیوقوف

聰明/愚笨

بائیں / دائیں

左/右

نزدیک / دور

近/遠

نیا / پُرانا

新/舊

کچھ نہیں / کچھ ہے

沒有/有些

بوڑھا / نوجوان

老/幼

آن / آف

開/關

کُھلا / بند

打開/闔上

خاموش / بُلند آواز

安靜/吵鬧

امیر / غریب

富/窮

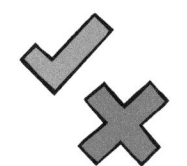

ٹھیک / غلط

對/錯

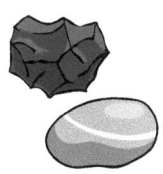

کھُردرا / ہموار

粗糙/光滑

افسرده / خوش

傷心/高興

مُختصر / طویل

短/長

آہستہ / تیز

慢/快

گیلا / خُشک

濕/乾

گرم / ٹھنڈا

溫暖/涼爽

جنگ / امن

戰爭/和平

اعداد
數字

0	1	2
صفر	ایک	دو
零	一	二
3	4	5
تین	چار	پانچ
三	四	五
6	7	8
چھ	سات	آٹھ
六	七	八
9	10	11
نو	دس	گیارہ
九	十	十一

12

باره

十二

13

تیره

十三

14

چوده

十四

15

پندره

十五

16

سولہ

十六

17

ستره

十七

18

اٹھاره

十八

19

اُنیس

十九

20

بیس

二十

100

سو

百

1.000

ہزار

千

1.000.000

دس لاکھ

百萬

انگریزی

英語

امریکی انگریزی

美式英語

چینی مینڈارین

普通話

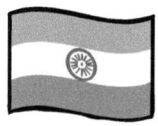

ہندی

印地語

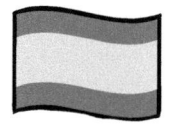

ہسپانوی

西班牙語

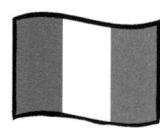

فرانسیسی

法語

عربی

阿拉伯語

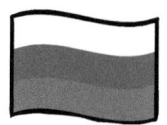

روسی

俄語

پُرتگالی

葡萄牙語

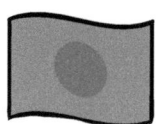

بنگالی

孟加拉語

جرمن

德語

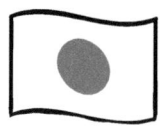

جاپانی

日語

کون / کیا / کیسے

誰/什麼/如何

میں

我

تم

你

وہ (لڑکا) / وہ (لڑکی) / یہ

他/她/它

ہم

我們

تم

你們

وہ

他們

کون؟

誰？

کیا؟

什麼？

کیسے؟

如何？

کہاں؟

何處？

کب؟

何時？

نام

名字

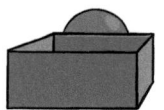

کہاں
方位

پیچھے

後面

میں

裡面

کے سامنے

前面

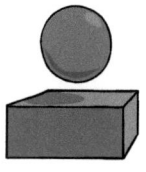

اوپر

上方

پر

上面

نیچے

下麵

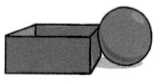

ساتھ

旁邊

درمیان

中間

جگہ

地點